BEI GRIN MACHT SICH IHR WISSEN BEZAHLT

AF166898

- Wir veröffentlichen Ihre Hausarbeit,
  Bachelor- und Masterarbeit

- Ihr eigenes eBook und Buch -
  weltweit in allen wichtigen Shops

- Verdienen Sie an jedem Verkauf

Jetzt bei www.GRIN.com hochladen
und kostenlos publizieren

Krafttraining. Erstellung eines Trainingsplans

Jannik Trautwein

GRIN ☺

Bibliografische Information der Deutschen Nationalbibliothek:

Die Deutsche Nationalbibliothek verzeichnet diese Publikation in der Deutschen Nationalbibliografie; detaillierte bibliografische Daten sind im Internet über http://dnb.d-nb.de abrufbar.

ISBN: 9783346839831
Dieses Buch ist auch als E-Book erhältlich.

Das Buch bei GRIN: https://www.grin.com/document/1334795

Deutsche Hochschule für
Prävention und Gesundheitsmanagement
Hermann Neuberger Sportschule 3
66123 Saarbrücken

Einsendeaufgabe

Fachmodul:	Trainingslehre 1
Studiengang:	Gesundheitsmanagement
Name, Vorname:	Trautwein, Jannik
Studienort:	**Stuttgart**
Semester:	**WS 2018**

Inhaltsverzeichnis

1 Diagnose

Für eine optimale Trainingssteuerung benötigt man eine Diagnose. Hierbei werden mittels eines Eingangsgesprächs und gegebenenfalls einer InBody Messung allgemeine Daten (Alter, Geschlecht, etc.) sowie biometrische Daten (Blutdruck, Muskelmasse, etc.) erhoben, um den Leistungs- und Gesundheitszustand einordnen zu können. Für eine optimale Trainingsplanung sollten zusätzlich Trainingsmotive, Zeitbudget und gesundheitliche Einschränkungen geklärt werden, um einen Soll-Zustand anzustreben.

1.1 Allgemeine und biometrische Daten

Tab. 1: Allgemeine Daten (eigene Darstellung)

Alter	48 Jahre
Geschlecht	weiblich
Körpergröße	162 cm
Trainingsmotive	Fettreduktion, gesünder Leben
Berufliche Tätigkeit	Altenpflegerin
Frühere sportliche Aktivitäten	In jungen Jahren Garde getanzt
Aktuelle sportliche Aktivitäten	Ist seit zwei Monaten in einem Fitnessstudio angemeldet.
Zeitbudget	Dienstag und Donnerstag hat sie als Trainingstage eingeplant.
Leistungsstufe	Beginner

Tab. 2: Biometrische Daten (eigene Darstellung)

Was wurde gemessen?	Wie viel?	Normwerte	Beurteilung
Gewicht	85,7	48,0-64,9	Überbereich
Muskelmasse in kg	23,9	21,4-26,2	Normalbereich
Körperfettmasse in kg	41,6	11,3-18,1	Überbereich
Körperfett in %	48,5	18,0-28,0	Überbereich
BMI in kg/m ^{2}	32,7	18,5-25,0	adipös
Blutdruck in mmHg	Systolisch: 141 Diastolisch: 93	<130 - <85	Arterielle Hypertonie 1

Die biometrischen Daten wurden bei der Anamnese mit Hilfe einer InBody Waage erhoben. Die Normwerte beziehen sich auf die Werte der InBody Waage. Aus Tabelle 2 ist zu entnehmen, dass die Körperzusammensetzungen in einem schlechten Zustand sind. Sowohl das Gewicht, die Körperfettmasse als auch das Körperfett sind in einem deutlichen Überbereich. Ihr BMI ist mit 32,7 kg/m ^{2} ebenfalls deutlich erhöht und lässt sich in der Gewichtsklassifikation anhand des BMI für Erwachsene in den Bereich Adipositas Grad 1 (siehe Tab.3) einordnen. Ebenfalls der Blutdruck ist zu hoch, womit sie zu der Risikogruppe einer arteriellen Hypertonie Stufe 1 dazugehört (siehe Tab.4). Lediglich ihre Muskelmasse liegt inmitten des Normalbereichs.

Tab. 3: Gewichtsklassifikation anhand des BMI (von Universität Leipzig modifiziert nach Deutsche Adipositas-Gesellschaft, 2014)

Klassifikation		BMI (kg/m²)	Erkrankungsrisiko
Untergewicht		< 18,5	niedrig
Normalgewicht		18,5 – 24,9	durchschnittlich
Übergewicht		25,0 – 29,9	gering erhöht
Adipositas	Grad I	30,0 – 34,9	erhöht
	Grad II	35,0 – 39,9	hoch
	Grad III	≥ 40,0	sehr hoch

Tab. 4: Klassifikation der Blutdruckwerte (modifiziert nach den ESC/ESH Leitlinien von 2018)

Category	Systolic (mmHg)		Diastolic (mmHg)
Optimal	<120	and	<80
Normal	120–129	and/or	80–84
High normal	130–139	and/or	85–89
Grade 1 hypertension	140–159	and/or	90–99
Grade 2 hypertension	160–179	and/or	100–109
Grade 3 hypertension	≥180	and/or	≥110
Isolated systolic hypertension[b]	≥140	and	<90

Orthopädische oder internistische Probleme	Sie hat bei langem Stehen oder Gehen Probleme im Knie und im LWS-Bereich. Ansonsten keine weiteren Probleme
Ärztliche Behandlungen	Befindet sich derzeit in keiner ärztlichen Behandlung
Einnahme von Medikamenten	Nimmt blutdrucksenkende Medikamente

Die Person hat kaum bis gar keine Beschwerden, dennoch ist ihre Gesundheit in einem schlechten Zustand. Ihre arterielle Hypertonie ist auf ihr Übergewicht zurück zu führen, welches durch eine falsche Ernährung aber auch durch körperliche Inaktivität begünstig wird (Steffel & Lüscher, 2011, S.24). Die Person leidet nach langen Steh und Gehphasen unter leichten Knieschmerzen und Rückenschmerzen im LWS-Bereich. Auf einer subjektiven Schmerzskala von 1-10 würde sie ihre Schmerzen auf 4 einstufen. Diese Symptome lassen sich auf ihr Übergewicht und die dadurch entstehende hohe Belastung zuordnen. Des Weiteren befindet sie sich nicht in ärztlicher Behandlung und hat auch sonst keine Krankheit, was ihre Belastbarkeit im Hinblick auf das Krafttraining nicht weiter beeinträchtigt. Jedoch aufgrund ihrer arteriellen Hypertonie und ihres Übergewichtes ist die Frau nur beschränkt trainierbar, was für die weitere Trainingsplanung wichtig ist. Zusätzlich nimmt sie blutdrucksenkende Medikamente.

1.2 Krafttestung

Die Krafttestung ist ein wichtiger Bestandteil der Trainingssteuerung, um sowohl den Leistungszustand als auch den Trainingserfolg beurteilen zu können. Aufgrund der mangelnden Trainingserfahrung und dem schlechten gesundheitlichen Zustand wird von einem 1-RM Test abgeraten. Bei dem 1-RM Test misst man die maximale Leistungsfähigkeit der Kraft, um eine dynamisch konzentrische Wiederholung auszuführen. Bei diesem Krafttest wirken enorme Kräfte auf die Probandin ein wodurch eine erhöhte Verletzungsgefahr entstehen kann. Zusätzlich besteht die Gefahr einer Demotivation. Aus diesen Gründen wurde ein X-RM Test herangezogen. Ziel des Mehrwiederholungskrafttest ist es ein maximales konzentrisch zu bewältigendes Gewicht, für eine davor definierte Wiederholungsanzahl, zu bestimmen. Diese wird auch später beim eigentlichen Training herangezogen. Das Trainingsgewicht wird in maximal drei Sätzen getestet. Ist das Gewicht im ersten Satz nicht annähernd maximal für die davor erhobene Wiederholungszahl, so wird im zweiten und bei Bedarf auch im dritten Satz das Gewicht gesteigert. Dadurch erhält man am Ende ein höchstmögliches Gewicht, welches in der weiteren Trainingsplanung benötigt wird. Dieses Testverfahren wird bei jeder Übung durchgeführt.

1.2.1 Durchführung

Bevor ein Krafttest vollzogen werden kann muss sich die Probandin aufwärmen. Zum einen geschieht dies durch ein allgemeines Aufwärmen. Hierbei wurde für unsere Kundin, aufgrund ihrer leichten Knieschmerzen, der Fahrradergometer ausgewählt. Die Dauer wurde auf 10 Minuten angesetzt bei durchschnittlichen 75 Umdrehungen pro Minute. Ziel bei dem allgemeinen Aufwärmen ist es das Herz-Kreislauf-System anzuregen. Nach dem allgemeinen Aufwärmen folgt das spezielle Aufwärmen. Hierbei wird vor jeder im Trainingsplan vorhandenen Übung ein bis zwei Aufwärmsätze mit fünf bis zehn Wiederholungen und einer Intensität von 50% des Arbeitsgewichtes trainiert. Dabei ist zu beachten, dass keine vorzeitige Ermüdung eintritt, aufgrund von zu hoher Belastung. Ziel des Aufwärmens ist die Erhöhung der Muskeldurchblutung, der Nervenleitgeschwindigkeit und der Bildung von Gelenkflüssigkeit (Wahle, 2009, S. 25-26). Zusätzlich wird durch ein Aufwärmtraining das Verletzungsrisiko gesenkt (Wahle, 2009, S. 26).

Nachdem Aufwärmen folgt der erste Satz zur Krafttestung. Zuvor wurde die Wiederholungszahl auf acht Wiederholungen festgelegt da diese Daten in Aufgabe nochmals benötigt werden. Ziel ist es das maximale Gewicht zu finden mit denen acht Wiederholungen noch gerade möglich sind. Trainiert wird hierbei mit einer Time under Tension Muster von 2-0-2. Daraus lässt sich ableiten, dass die exzentrische und die konzentrische Bewegung jeweils 2 Sekunden dauern und es keine statisch haltende Position gibt. Das Gewicht wurde durch eine subjektive Einschätzung der Probandin, von einem Trainer, gewählt.

Die Tabelle 6 gibt einen Überblick über die Sätze der Krafttestung und ebenfalls über das maximale Gewicht, mit dem in der weiteren Trainingssteuerung gearbeitet wird.

Tab. 6: Ergebnisse des 8-RM Krafttest

Übung	Krafttestung Satz 1 in kg	Krafttestung Satz 2 in kg	Krafttestung Satz 3 in kg	Maximales Gewicht in kg
Beinpresse horizontal sitzend	50	60	70	70
Beinstrecker	15	17,5	20	20
Bauchmaschine	17,5	25	-	25
Rückenstrecker	20	22,5	25	25

Bauchrotationsgerät	2,5	7,5	10	10
Brustpresse sitzend	10	15	20	20
Horizontales Rudern	10	20	-	20

1.2.2 Schlussfolgerung der Testergebnisse

Die Ergebnisse des Krafttest können nun in der weiteren Trainingssteuerung herangezogen werden. Diese dienen als Ausgangspunkt um die Trainingsgewichte im ersten Mesozyklus berechnen zu können. Außerdem kann die Krafttestung nach dem Makrozyklus erneut vollzogen werden, um beide Krafttestungen vergleichen zu können. So kann die Kundin genau erkennen inwieweit sie sich in den einzelnen Bereichen verbessern konnte. Wichtig ist dabei zu beachten die Rahmenbedingungen möglichst identisch zu halten, um ein repräsentatives Ergebnis zu erfahren. Dennoch dient die strukturelle Trainingssteuerung zur Motivation der Kundin bei, weil sie somit eine Steigerung ihrer Leistung erkennen kann.

2 Zielsetzung und Prognose

Tab. 7: Hauptziele der Probandin (eigene Darstellung)

Inhalt	Ausmaß	Zeit
Reduktion der Körperfettmasse	8 kg	6 Monaten
Senkung Blutdruck in mmHg	Um 20 systolisch und 10 diastolisch.	4 Monaten
Schmerzfrei im Knie und Rücken	Auf der subjektiven Schmerzskala eine Reduktion von 4 auf 0.	6 Monaten

2.1 Begründung der Ziele

Die Probandin leidet unter Adipositas und Übergewicht und weist somit ein höheres Risiko an Folgeerkrankungen, wie Diabetes Melitus Typ 2, Herzinfarkt aber auch orthopädische Krankheitsbilder, auf (Korczak & Kister, 2013, S.5). Zusätzlich können soziale und berufliche Stigmata dazu führen, dass man unter psychischen Störungen oder Depressionen leidet (Korczak & Kister, 2013, S.5). Aus diesen Gründen leitet sich das erste Ziel, die Reduktion der Körperfettmasse ab. Um diesen Risiken entgegen zu wirken wurde eine Reduktion von 8 Kilogramm in 6 Monaten festgelegt. Da eine Fettreduktion auch immer von der richtigen Ernährung abhängt wird die Frau im Laufe des Zyklusplans, mit einem Ernährungsplan ausgestattet.

Die Kundin hat eine arterielle Hypertonie wovon sich die Senkung des Blutdrucks als zweites Ziel ableitet. Ziel ist es die arterielle Hypertonie, in der sich die Kundin gerade befindet, zu senken und den Blutdruck im normalen Bereich, also zwischen 120-129 mmHg systolisch und 80-84 mmHg diastolisch zu halten. Laut Wahle (2009) ist eine Senkung des Blutdrucks (jeweils in mmHg) um 10-15 systolisch und 5-10 diastolisch in 8 Wochen als realistisch anzusehen.

Das Übergewicht der Probandin führt zu orthopädischen Krankheitsbildern (Korczak & Kister, 2013, S.5). Bei der Frau wirkt sich das auf die Knie und den Rücken aus. Nach längeren Belastungen zum Beispiel bei langen Arbeitstagen verbunden mit langen Geh und Stehphasen empfindet die Probandin Schmerzen im Knie und im LWS-Bereich des Rückens. Bei einer subjektiven Einschätzung würde sie die Schmerzen auf einer Skala von 1 bis 10 auf 4 einschätzen. Das erhobene dritte Ziel ist nicht nur die Linderung dieser Schmerzen, sondern ein komplett freies Schmerzempfinden, sodass auch bei längeren Belastungen keine Probleme mehr auftreten.

3 Trainingsplanung Makrozyklus nach der ILB-Methode

Ein Makrozyklus ist ein langfristiger Trainingsabschnitt, welcher aus mehreren einzelnen Mesozyklen besteht und im Fitness- und Gesundheitssport meist eine Dauer von sechs Monaten einnimmt. Das Ziel eines Makrozyklus ist die Herausbildung der komplexen sportlichen Leistungsfähigkeit auf einem immer höheren Niveau (Schnabel, 1997, S.323).

Tab. 8: Makrozyklus nach der ILB-Methode (eigene Darstellung)

	Mesozyklus 1	Mesozyklus 2	Mesozyklus 3	Mesozyklus 4
Dauer	8 Wochen	6 Wochen	6 Wochen	4 Wochen
Trainingsziel	Muskelaufbau extensiv	Muskelaufbau intensiv	Kraftausdauer	Maximalkraft
Häufigkeit/Woche	2 Einheiten	2 Einheiten	2 Einheiten	2 Einheiten
Trainingssystem	Ganzkörper	Ganzkörper	Ganzkörper	Ganzkörper
Organisationsform	Kreistraining	Stationstraining	Stationstraining	Stationstraining
Übung/Muskelgruppe	1-2	1-2	1-2	1-2
Sätze/Übung	2	2	2	2
Satzpausen	30 Sekunden	60 Sekunden	60 Sekunden	120 Sekunden

Wiederholungen	12	8	20	5
Intensität	50-70 % ILB	50-70 % ILB	50-70 % ILB	50-70 % ILB
Bewegungstempo	2-0-2	2-0-2	2-0-2	3-0-1

3.1 Begründung zur Wahl der ILB-Methode

Die Individuellen-Leistungsbild-Methode, kurz ILB-Methode, dient zu einem optimalen Einstieg für Trainingsbeginner. Vor jeder Zyklusplanung dient der X-RM-Test als Referenzwert für die Berechnung der Trainingsintensitäten. Wichtig für die Steuerung der Belastungsparameter ist die Leistungsstufe der Person. In unserem Fall wird die Probandin als Beginner eingestuft. Aus dem ILB-Grobraster (siehe Tab.9) lässt sich nun die Intensität der Kundin ablesen. Diese liegt bei 50-70% ihres maximalen X-RM Testgewichts. Das bedeutet die Probandin startet mit einer Intensität von 50% ihres ILB-Tests. Die Intensität wird dann entweder wöchentlich oder einmal in zwei Wochen erhöht, sodass sie am Ende des Zyklus bei 70% angekommen ist. Dadurch ist eine Stagnation ihres Leistungsstands ausgeschlossen und sie, durch die Steigerung der Belastungsintensität eine stetige Leistungssteigerung erfährt. Durch das Grobraster in Tab. 9 kann die Leistungsstufe mit den jeweiligen Trainingsparametern abgelesen werden. Die Wiederholungszahlen wurden nach der ILB-Methode wie folgt definiert (Eifler, 2013, S.74):

- Kraftausdauertraining: 15-30 Wiederholungen

- Hypertrophietraining: 8-15 Wiederholungen

- Maximalkrafttraining: 5-8 Wiederholungen

Nach diesem Schema wurden auch im Makrozyklusplan die Wiederholungen angepasst.

Tab. 9: Grobraster zur Trainingsplanung nach der ILB-Methode (BSA/DHfPG)

Leistungsstufe	Zeitstufe (Monate)	Orga.-form	Einheiten/ Woche	Übungen/ Muskel	Sätze/ Übung	Intensität in % ILB
Orientierungsstufe	0-1,5	GK	2	1-2	1-2	gering
Beginner	1,5-6	GK	2	1-2	1-2	50-70
Geübter	6-12	GK	2-3	1-2	2	60-80
Fortgeschrittener	> 12	GK/ Split	3-4	1-3	2-3	70-90
Leistungstrainierender	> 36	GK/ Split	3-6	1-4	2-4	80-100

3.2 Begründung der einzelnen Belastungsparameter

In den folgenden Unterpunkten wird auf die Auswahlkriterien der einzelnen Belastungsparameter Stellung bezogen.

3.2.1 Begründung der übergeordneten Trainingsziele

Mit dem ersten Mesozyklus und dem damit verbunden extensiven Muskelaufbautraining wird der Grundstein für ein gesundheitsorientiertes Training gelegt. Dieses Trainingsziel wurde zu Beginn ausgewählt da es sowohl die Muskulatur aber auch die Sehnen, Gelenke und Bänder an die Belastungen zu gewöhnen. Das ist wichtig da unsere Probandin keinerlei Anpassungsprozesse im Krafttraining erfahren hat. Der zweite Mesozyklus beinhaltet ein intensives Muskelaufbautraining. Hier wird vermehrt im Bereich der Hypertrophie gearbeitet wodurch nicht nur ein Muskelwachstum einhergeht, sondern auch eine Steigerung des Grundumsatzes durch eine Zunahme der fettfreien Körpermasse (Strasser & Schobersberger, 2010, S.13). Bezogen auf unser Ziel, Reduktion der Körperfettmasse, gilt: „Je größer die Muskelmasse, desto größer ist der Grundumsatz und damit auch der Energieverbrauch" (Strasser & Schobersberger, 2010, S.13). Das bedeutet unsere Probandin verbraucht mehr Kalorien was mit der richtigen Ernährung zu einem Kaloriendefizit führt und damit ein Verlust des Körperfetts einhergeht. Die Kraftausdauer wird in Mesozyklus 3 behandelt. Hierbei wird die Wiederholungszahl gesteigert und die Intensität in Form von Gewicht gesenkt. Durch ein Kraftausdauertraining lassen sich kardiovaskuläre Funktionen und auch der Stoffwechsel verbessern (Bjarnason-Wehrens et al., 2004, S. 358). Zusätzlich kann Kraftausdauertraining das psychosoziale Wohlbefinden und die Lebensqualität positiv beeinflussen (Bjarnason-Wehrens et al., 2004, S. 358). Da jedoch Kraftausdauertraining erfahrungsgemäß als besonders fordernd angesehen wird sollte die Muskulatur zuvor gut trainiert werden. Deshalb wird die Kraftausdauer erst im Mesozyklus 3 trainiert. Als vierter und letzter Zyklus wird im Bereich der Maximalkraft gearbeitet. Um die zuvor aufgebaute Muskulatur im Training und im Alltag vollständig nutzen zu können sollte die intramuskuläre Koordination verbessert werden. Das kann durch die Verbesserung der Rekrutierung, Frequenzierung und der Synchronisation von motorischen Einheiten gefördert werden (Kempf, 2014, S.10). Da bei einem Maximalkrafttraining sehr hohe Belastungen auf die Probandin einwirken wird diese Kraftart zum Schluss trainiert. Bis dahin sollten Anpassungen aus den vorhergegangenen Zyklen stattgefunden haben. Ist das nicht der Fall oder man beginnt als Trainingseinsteiger mit dem Maximal-krafttraining kann es zu Verletzungen führen.

3.2.2 Begründung der Zyklusdauer

Der Makrozyklus hat eine Dauer von sechs Monaten. Die einzelnen Mesozyklen haben zum Teil die gleiche Zyklusdauer, jedoch gibt es auch Unterschiede. So hat zu Beginn der Mesozyklus 1 mit acht Wochen die längste Dauer. Dadurch kann sie dich Frau an die neue Situation und an das Training für längere Zeit gewöhnen und ihre Muskeln, Sehnen und Gelenke an die neuen Belastungen anpassen. Der Mesozyklus 2 ist mit sechs Wochen datiert. Hierbei haben erste Anpassungen stattgefunden und die Kundin kann intensiver im Bereich des Muskelaufbaus arbeiten. Damit die Probandin jedoch nicht zu lange im Bereich der Hypertrophie trainiert wurde dieser Zyklus auf sechs Wochen reduziert. Ebenfalls mit sechs Wochen datiert ist Mesozyklus 3. Das Kraftausdauertraining wird erfahrungsgemäß als sehr zäh und belastend empfunden. Dadurch kann eine rasche De-motivation eintreten. Deshalb wurde auch hier die Dauer auf sechs Wochen begrenzt. Der Mesozyklus 4 hat mit vier Wochen die kürzeste Dauer des Makrozyklus. Das liegt daran, dass beim Maximalkrafttraining sehr hohe Belastungen auf die Kundin einwirken. Damit diese nicht überfordernd wirken aber trotzdem Anpassungen stattfinden wurde dieser Zyklus auf vier Wochen festgelegt.

3.2.3 Begründung der Belastungshäufigkeit pro Woche

Da unsere Probandin zu den Beginnern gehört sind nicht viele Einheiten pro Woche nötig. Wichtig ist auch, dass sie nicht zu oft ihr Training durchführt da sie sonst als Beginner ihre Muskeln überfordert und somit nicht die gewünschten Anpassungen erzielt. Laut dem ILB-Grobraster ist für Beginner eine Trainingshäufigkeit von zwei Tagen pro Woche zu empfehlen. Darauf hat man sich, auch aufgrund des zeitlichen Budgets, geeinigt.

3.2.4 Begründung des Trainingssystem und Organisationsform

Bei dem Trainingssystem gilt bei allen vier Mesozyklen. Hier wird ein Ganzkörpertrai-ning absolviert. Ein Split-Training würde einen Anfänger überfordern und außerdem die empfohlene Trainingshäufigkeit pro Woche überschreiten. Ein Ganzkörpertraining dient für den perfekten Einstieg in ein gesundheitsorientiertes Training.

Bei der Organisationsform liegen uns zwei Methoden vor. Begonnen wird mit einem Kreistraining. Dem liegt zu Grunde dass hier pro Gerät nur ein Satz vollzogen wird und dann von Übung zu Übung gewechselt wird und damit verbunden auch die Muskelgruppe wechselt. In der Regel gibt es zwei Durchgänge pro Trainingseinheit. Das hat zum einen für Trainingsbeginner den Vorteil dass die jeweiligen Muskelgruppen länger Pause haben, um zu regenerieren. Darüber hinaus werden bei einem Kreistraining kardiovaskuläre Reaktionen hervorgerufen (Kempf, 2014, S.10). Die drei nachfolgenden Mesozyklen werden mit der Stationstrainingsmethode trainiert. Hierbei werden, in unserem Fall, zwei Sätze hintereinander an einem Gerät trainiert und man wechselt zum nächsten. Das hat eine höhere Muskelausbelastung zur Folge was zur einer „Verbesserung der verschiedenen Kraftmanifestationen" führt (Kempf, 2014, S.10).

3.2.5 Begründung der Anzahl an Übungen pro Muskelgruppe

Die Anzahl wurde auf ein bis zwei Übungen pro Muskelgruppe beschränkt, um die einzelnen Muskelgruppen nicht zu überlasten. Für jeder Muskelgruppe ist mindestens eine Übung vorgesehen, um ein effektives Ganzkörpertraining zu gewährleisten. Für manche Muskelgruppen gibt es zwei Übungen. Dem liegt zu Grunde das die Muskelgruppe teilweise als Synergisten bei einer Übung mithelfen. Zusätzlich werden gesundheitlich relevante Muskelgruppen ein zweites Mal beansprucht, deshalb werden manche Partien der Muskulatur einfach und manche zweifach trainiert.

3.2.6 Begründung der Anzahl an Sätzen pro Übung und der jeweiligen Satzpausen

Bei Trainingseinsteiger ist die Gefahr einer muskulären Überbeanspruchung hoch. Der Körper sollte langsam an das Krafttraining herangeführt werden. Durch die Ausführung von zwei Sätzen pro Übung verspürt der Trainingsbeginner trotzdem eine muskuläre Ausbelastung. Zusätzlich kommt es nicht zu übermäßig langen Trainingseinheiten, sodass eine Demotivation minimiert wird. Die Satzpausen unterscheiden sich in den jeweiligen Mesozyklen. In Mesozyklus 1 liegt kürzeste Pausenzeit mit 30 Sekunden vor. Aufgrund unserer Organisationsform Kreistraining ergibt sich der Vorteil, dass die jeweilige Muskelgruppe nur für einen Satz beansprucht wird. Ein zweiter Satz erfolgt erst dann, wenn alle anderen Übungen auch mit einem Satz absolviert wurden. Aus diesem Grund kann man die Pausenzeit reduzieren, weil der Muskel lang genug Zeit hat zu regenerieren. Zusätzlich kann auch hier Zeit eingespart werden. Die Pausenzeit beim Muskelaufbautraining in Mesozyklus 2 und 3 ist auf 60 Sekunden festgelegt. In diesen beiden Zyklen wird ein Stationstraining mit zwei Sätzen hintereinander durchgeführt was bedeutet wir haben eine höhere muskuläre Ausbelastung. Bei einem submaximalen Hypertrophietraining ist es wichtig einer zu hohen Belastung entgegen zu wirken und der Muskelgruppe genug Zeit zu geben sich zu erholen. Das gleiche spiegelt sich auch beim Maximalkrafttraining wider. Da hier mit einem nahezu maximalen Kraftaufwand gearbeitet wird muss dementsprechend die Satzpause verlängert werden. Die Satzpausen wurden auf 120 Sekunden festgelegt. So haben die Muskeln genug Zeit sich zum Teil zu erholen.

3.2.7 Begründung des Bewegungstempos

Das Bewegungstempo sieht bei den Mesozyklen 1-3 wie folgt aus. Das Gewicht wird zwei Sekunden exzentrisch und dann zwei Sekunden konzentrisch trainiert wird. Eine statisch haltende Position gibt es nicht. Daraus ergibt sich ein 2-0-2 Muster. In Mesozyklus 4 wird mit einem Bewegungsmuster von 3-0-1 trainiert. Das bedeutet die exzentrische Bewegung indem das Gewicht gesenkt wird dauert drei Sekunden und konzentrische Bewegung wird explosiv mit einer Sekunde ausgeführt. Wichtig ist hierbei das eine kontrollierte Bewegungsausführung gewährleistet ist, um Verletzungen zu vermeiden.

4 Trainingsplanung Mesozyklus 2

Tab. 10: Allgemeine Daten des Mesozyklus 2 (eigene Darstellung)

Dauer	Trainingsziel	Häufigkeit pro Woche	Trainingssystem	Organisationsform	Übung pro Muskelgruppe	Sätze pro Übung	Satzpausen	Wiederholungen	Time under Tension
6 Wochen	Muskelaufbau	2 Einheiten	Ganzkörper	Stationstraining	1-2	2	60 Sekunden	8	2-0-2

Tab. 11: Trainingsplan des Mesozyklus 2 (eigene Darstellung)

Übungen	Krafttest in Kg	Woche 1 50% Intensität in Kg	Woche 2 50% Intensität in Kg	Woche 3 60% Intensität in Kg	Woche 4 60% Intensität in Kg	Woche 5 70% Intensität in Kg	Woche 6 70% Intensität in Kg
Beinpresse horizontal sitzend	70	35	35	42,5	42,5	50	50
Beinstrecker	20	10	10	12,5	12,5	15	15
Bauchmaschine	25	12,5	12,5	15	15	17,5	17,5
Rückenstrecker	25	12,5	12,5	15	15	17,5	17,5
Bauchrotationsgerät	10	5	5	6	6	7	7
Brustpresse sitzend	20	10	10	12,5	12,5	15	15
Horizontales Rudern	20	10	10	12,5	12,5	15	15

4.1 Begründung der Übungsauswahl

Die einzelnen Belastungsparameter aus Tab. 10 wurden schon in der Aufgabenstellung 3.2 begründet und werden deshalb hier nicht nochmal aufgegriffen. Ausgesucht für die detaillierte Trainingsplanung wurde der Mesozyklus 2 welcher ein intensiveres Muskelaufbautraining beinhaltet. Für unsere Kundin wurde ein sechswöchiger Ganzkörperplan mit allen großen Muskelgruppen konzipiert. Es wurde dabei bei den unteren Extremitäten begonnen und endet mit einer Übung für den Oberkörper. Da der Kunde ein Beginner ist wurde ausschließlich auf gerätegeführtes Training zurückgegriffen und nicht mit freien Gewichten trainiert. Dadurch wird die Koordination weniger beansprucht und die Kundin kann die Bewegungsausführung leichter erlernen. Aufgrund der vorgegebenen Bewegungsbahnen wird die Gefahr möglicher Fehlerbilder reduziert. Dies hat zur Folge, dass auch Verletzungsrisiken minimiert werden. Der Schwerpunkt des Trainings liegt auf der Muskelgruppe der Beine, speziell auf der Beinstreckermuskulatur. Hierzu wurden zwei Übungen pro Muskelgruppe eingebaut. Zum einen wurde dafür die Beinpresse herangezogen. Dies ist eine mehrgelenkige Übung wodurch sowohl die Beinbeuger als auch die Beinstrecker trainiert werden. Als Synergist fungiert ebenfalls noch die Wadenmuskultur. Dabei ist zu beachten eine möglichst aufrechte Sitzposition einzunehmen, um hohe Blutdruckspitzen zu vermeiden. Dadurch können auch Kunden mit höheren Blutdruckwerten diese Übung durchführen im Gegensatz zu der 45-grad Beinpresse (Wahle, 2009, S. 34). Zusätzlich wurde mit der Übung Beinstrecker eine weitere Beinübung eingefügt. Hierbei wird ausschließlich die Oberschenkelvorderseite, der quadriceps femoris, trainiert. Dem liegt zu Grunde, dass aus anatomischer Sicht das Knie ligamentär aber auch muskulär stabilisiert wird, wodurch es sinnvoll ist die Muskulatur, um das Knie aufzubauen. Mit diesen beiden Übungen gehen wir auf den Wunsch der Kundin ein, auch bei längerer Belastung schmerzfrei im Knie zu bleiben. Des Weiteren wird auch die Rumpfmuskulatur der Kundin ausgiebig trainiert. Auch hier hat sie bei längeren Belastungsphasen Probleme im LWS-Bereich des Rückens, was auf eventuell Kraftdefizite der Rumpfmuskulatur zurück zu führen ist. Hierzu wurden zum einen der Rückenstrecker, die Bauchmaschine und auch die Bauchrotation herangezogen. Dadurch werden die einzelnen Bereiche der Rumpfmuskulatur gestärkt. Der vierte Bereich der Rumpfmuskultur, Lateralflexion über die Sagittalachse, wurde ausgelassen da hierzu schwierigere koordinative Übungen gefordert werden, wodurch eine Überforderung der Kundin entstehen kann. Die Stärkung der Muskulatur durch die Lateralflexion könnte in einem neuen Makrozyklus eingebaut werden. Um das Ganzkörpertraining abzurunden wird außerdem noch an der Brustpresse sitzend und am horizontalen Ruderzug trainiert. Aufgrund der arteriellen Hypertonie der Kundin wurde darauf geachtet, dass keine Übung im Liegen oder über Kopf trainiert wird, um eine Gefahr der Blutdruckspitzen zu vermeiden. In den ersten beiden Wochen wird mit einer Intensität von 50 % des maximalen Gewichts für 8 Wiederholungen trainiert. Das ist wichtig für Anpassungsprozesse aller Gewebearten, wobei zu beachten ist, dass Knochen, Sehnen, Bänder und Knorpel längere Anpassungszeiten haben als der Muskel (Wahle, 2009, S.49). Alle zwei Wochen wird die Intensität um 10 % erhöht, sodass wir in Woche drei und vier eine Intensität von 60 % haben und in den letzten beiden Wochen fünf und sechs eine Intensität von 70 % haben. Somit erfolgt eine Intensitätssteigerung und damit einhergehend ist eine Leistungssteigerung der Kundin erkenn- und auch messbar. Die alle zwei wöchige Intensitätssteigerung wurde deshalb gewählt, dass die Anpassungsprozesse der Gewebearten aber auch die Kundin genug Zeit haben sich an die neuen Belastungen zu gewöhnen. Außerdem war eine wöchentliche Steigerung aufgrund der Gewichtsabstufungen an den Geräten im Fitnessstudio kaum möglich. Da die Gewichtsvorgabe sonst sehr ungenau geworden wäre und man hätte sehr viel auf- oder abrunden müssen. Bei allen Übungen ist auf die richtige Atmung zu achten. Bei der konzentrischen Arbeit wird ausgeatmet und bei der konzentrischen Arbeit eingeatmet. Das ist wichtig, um Blutdruckspitzen zu vermeiden welche durch Pressatmung entstehen können (Wahle, 2009, S. 27). Nach dem sechswöchigen Hypertrophie-Training folgt der Mesozyklus 3 mit der Kraftausdauer.

5 Literaturrecherche

Tab. 12: Studienvergleich zum Thema Krafttraining bei arterieller Hypertonie (eigene Darstellung)

	Studie 1	Studie 2
Wer hat die Studie durchgeführt?	Stewart, K. J., Bacher, A. C., Turner, K. L., Fleg, J. L., Hees, P. S., & Shapiro, E. P., Tayback, M., Ouyang, P.	Trevizani, G. A., Seixas, M. B., Benchimol-Barbosa, P. R., Vianna, J. M., da Silva, L. P., & Nadal, J.
Wann wurde sie publiziert?	11 April 2005	May 2018
Welche Forschungsfragen wurden untersucht?	Auswirkungen des Trainings auf den Bluthochdruck bei älteren Personen	Auswirkung des Widerstandtrainings auf den Blutdruck

Mit welchen Versuchspersonen wurden die Studien durchgeführt?	112 Frauen und Männer im Alter von 55 bis 75 Jahren mit einem unbehandelten Blutdruck zwischen 130-159 mmHg systolisch und 85-99 mmHg diastolisch. Davon gab es acht Abbrüche. Somit haben 104 Frauen und Männer die Studie beendet	21 Männer. Acht davon waren unter medikamentöser Behandlung. 13 verzeichnen einen normalen Blutdruck
Wie sah der Versuchsaufbau aus?	Es war eine sechsmonatige kontrollierte Studie, in der Aerobic- und Krafttraining kombiniert wurden.	Es fanden 12 Sitzungen statt mit jeweils 8 Übungen (Beinstreckung, Beinpresse, Beinbeugung, Bankdrücken, Seated Row, Trizepsdrücken, Wadenbeugung im Sitzen und Armbeugen im Sitzen). Diese wurden mit 15-20 Wiederholungen durchgeführt und einer 50%en Intensität von 1-RM. Die Pausenzeit betrug zwei Minuten und die Testung erfolgte drei Mal die Woche. Herzschlagmessungen erfolgten vor und nach dem Wiederstndstraining und der Blutdruck wurde zu Beginn und am Ende jeder Sitzung nach 10-minütiger Pause gemessen.
Welche Ergebnisse liefert die Studie?	Die 104 Teilnehmer haben in Bezug des Blutdrucks eine Durchschnittsreduktion von 4,5-5,3 mmHg systolisch und 1,5-3,7 mmHg diastolisch erfahren. Zusätzlich wurde eine signifikante Steigerung der Leistungen im Aerobic und der Kraft. Dadurch kam es zu einer Erhöhung der Muskelmasse und eine verringerte allgemeine abdominale Fettleibigkeit.	In beiden Gruppen war eine signifikante Abnahme des systolischen Blutdrucks nach dem Training zu verzeichnen (P=0,040). In Bezug auf die Herzfrequenzvariabilität wurde bei den behandelten Hypertonikern ein reduziertes Sympathikus-Vagus-Gleichgewicht beobachtet.

6 Literaturverzeichnis

Bjarnason-Wehrens, B., Mayer-Berger, W., Meister, E., Baum, K., Hambrecht, R., & Gielen, S. (2004). Einsatz von Kraftausdauertraining und Muskelaufbautraining in der kardiologischen Rehabilitation. *Zeitschrift für Kardiologie.*

BSA/DHfPG. (2018). *Trainingslehre 1 Rev 20.* Saarbrücken: Deutsche Hochschule für Prävention und Gesundheit.

European Heart Journal. (25. August 2018). Von ESC/ESH Guidelines for the management of arterial hypertension: https://academic.oup.com/eurheartj/article/39/33/3021/5079119 abgerufen

Kempf, H. D. (2014). *Funktionelles Training mit Hand- und Kleingeräten.* Karlsruhe: Springer-Verlag.

Korczak, D., & Kister , C. (2013). *Wirksamkeit von Diäten zur nachhaltigen Gewichtsreduktion bei Übergewicht und Adipositas.* Köln: Deutschen Institut für Medizinische Dokumentation und Information.

Schnabel, G. (1997). *Trainingswissenschaft: Leistung - Training - Wettkampf.* Berlin: Sportverlag.

Steffel, J., & Lüscher, T. F. (2011). *Herz-Kreislauf.* Zürich: Springer-Verlag.

Stewart, K. J., Bacher, A. C., Turner, K. L., Fleg, J. L., Hees, P. S., & Shapiro, E. P.,et al. (11. April 2005). Effect of Exercise on Blood Pressure in Older Persons.

Stigmatisierung bei Adipositas. (2014). Von http://www.adipositasstigma.de/adipositas/definition.php abgerufen

Strasser, B., & Schoberberger, W. (2010). *Trining in der Prävention und Therpie des Metbolischen Syndroms.* Österreich: Springer-Verlag.

Trevizani, G. A., Seixas, M. B., Benchimol-Barbosa, P. R., Vianna, J. M., da Silva, L. P., & Nadal, J. (Mai 2018). Effect of Resistance Training on Blood Pressure and Autonomic Responses in Treated Hypertensives.

Wahle, S. (2009). *Optimiertes Krafttraining mit der ILB-Methode.* Hamburg: Books on Demand GmbH.

7 Abbildungs- und Tabellenverzeichnis

7.1 Abbildungsverzeichnis

7.2 Tabellenverzeichnis

BEI GRIN MACHT SICH IHR WISSEN BEZAHLT

- Wir veröffentlichen Ihre Hausarbeit, Bachelor- und Masterarbeit

- Ihr eigenes eBook und Buch - weltweit in allen wichtigen Shops

- Verdienen Sie an jedem Verkauf

Jetzt bei www.GRIN.com hochladen und kostenlos publizieren